Remitente

Fátima Hurtado Pumar

ISBN:9798494558275

ÍNDICE

De: mí Para: nosotros

De: mí Para: tí

De: mí
Para: nosotros

1.

Acostada en tu pecho, después de un polvo increíble, soy consciente de la suerte que tengo.

Apoyo, amistad, conexión, complicidad, seguridad, amor, estabilidad, emoción, risas, deseo, independencia, confianza, libertad.

Todo en una misma persona.

2.

Magia.
Conexión.
Complicidad.

Tú y yo.

3.

Y si el genio de la lámpara me concediera 3 deseos:

1. Que mi abuela sea eterna.
2. No tener alergia en primavera.
3. Que esos ojitos azules me miren cada mañana.

4.

Que nunca se nos acaben esas ganas del principio, de querer estar todo el día juntos, de pasar un poquito de vergüenza y de sentir que nada importa si estamos los dos en la misma cama.

5.

Hacer mil horas de cola para ver un concierto y llorar escuchando nuestra canción.

Madrugar un domingo para ver el amanecer.

Hacer guerra de cosquillas y acabar enfadada porque no tienes cosquillas.

Echar a piedra papel o tijera a quien le toca hacer el desayuno.

Ponerte los pies fríos entre los tuyos para que me los calientes.

No decidirnos nunca sobre qué película ver o a donde ir a cenar.

Pedirte que me pases las misiones de GTA que yo no pueda.

Discutir sobre quién quiere más a los gatos mientras ellos pasan de nosotros.

Llenarte la cara a besos con el pintalabios recién puesto.

Empeñarme en hacernos mil fotos y que la mayoría sean iguales.

Contigo lo quiero todo.

6.

Que guapo te veo entre mis piernas.

7.

No te voy a prometer un para siempre, porque no creo en ellos, pero te voy a garantizar que voy a intentar hacer que cada día merezca la pena.

No te voy a prometer que no tendremos malas rachas, pero te aseguro que vamos a aprender de ellas mucho.

No te voy a prometer que nos convertiremos en personas adultas y serias (a parte, no quiero) pero vamos a cometer muchos errores, pero no importa siempre que salgamos de ellos apoyándonos.

No te prometo que el camino sea fácil, pero si te voy a prometer que voy a estar siempre contigo y que el tiempo que decidamos estar juntos voy a hacer todo lo posible por verte feliz.

8.

Me despiertas con besos y me dices que bajemos a desayunar, entre sueños te digo que no y me vuelvo a dormir.

Me vuelvo a despertar con el desayuno en la mesilla.

Piedra, papel o tijera, me toca a mi hacer la comida, aunque te convenzo para que seas mi pinche de cocina.

Volvemos a la cama con besos, caricias y ganas.

Vamos a ver el atardecer en nuestro rincón de la playa, donde empezó todo.

Pedimos una pizza mientras vemos una película.

Un domingo muy domingo.

Buenas noches.

9.

Me encanta que el aleatorio ponga nuestra canción.

10.

Quiero verte crecer y no solo físicamente, que también, pero sobre todo a nivel personal.

Quiero ver como cumples tus sueños.
Como cambia tu forma de pensar.
Como mejoras con la experiencia.
Ver que te levantas después de cada derrota y como vuelve esa sonrisa a tu cara.
Como te planteas la vida con el paso de los años.
Como van apareciendo en ti nuevas inquietudes.
Como persigues nuevos objetivos.

En fin, quiero verte crecer.

11.

Te enseñé mis heridas, mis miedos, mis defectos, mis inseguridades, mis problemas y mis ralladuras de cabeza.

Me aceptaste a mí y a ellas y me enseñaste que soy mucho más aparte de eso y que si algún día yo sola no podía luchar contra todas tú me ibas a ayudar.

Me enseñaste a ver todo más fácil y que de todo se aprende.

Eres mi balanza, mi equilibrio.

Te voy a estar eternamente agradecida.

12.

Dos velas y un incienso.
La promesa de una vida juntos.

13.

Te pido paciencia.

Soy indecisa, nerviosa, explosiva y muy desconfiada.

Me va a costar mucho deshacerme de esa coraza.

En mis pocos años he vivido muchas decepciones y tengo muchos miedos que superar.

Pero también soy fuerte, cariñosa, cabezota y apasionada por lo que si consigues que me quite esa coraza tendrás la mejor versión de mí.

Y te lo aseguro, merece la pena.

14.

He vuelto a ver magia en un atardecer.

A disfrutar un silencio.

A notar nervios en el estómago.

A sentir calor en unos brazos.

A vivir con intensidad.

He vuelto a tener ganas de darlo todo.

De entregarme.

De sentir.

De ser.

De soñar.

15.

Ni él ha sido el primero, ni yo he sido la primera.

Los dos hemos creído en el amor y nos han fallado.

A los dos nos han hecho mil pedazos.

Hemos dado segundas oportunidades y nos han vuelto a fallar.

Pero no pasa nada.

Gracias a eso estamos donde estamos y sabemos lo que queremos.

Y sabemos como querernos.

16.

Me giro y te veo al otro lado de la cama y pienso en lo afortunada que soy.

Y no solo por tenerte o porque me quieras, sino porque me despierto cada mañana junto a alguien que quiere verme crecer, consiguiendo todas mis metas, feliz, que cada día sea más fuerte y el día que yo no tenga las suficientes darmelas él, y lo más importante, que quiere que me quiera a mi misma por encima de cualquier cosa.

17.

Me has roto los esquemas.

Las inseguridades.

Los miedos.

La cama.

Y hasta la coraza que creía indestructible.

Pero has conseguido que me ilusione.

Que tenga ganas.

Que me sienta viva.

Que quiera compartir mis días.

Y que en mis planes de futuro estés tú.

18.

Entre las cuatro paredes de esta
habitación hemos creado un búnker.
Siento tus caricias por la espalda,
transmitiendo calor por cada uno de
tus dedos.
Te miro a los ojos, veo mi refugio y
la calma que hay en mi pecho desde que
comparto mis días contigo.

19.

Ya puedes pasar años,
vidas,
personas
y amores fugaces
que entre nosotros siempre habrá
magia.

20.

Destino o casualidad.
Leyenda del hilo rojo.
Vidas pasadas.
Llámalo como quieras.
Pero juntos ganamos.
Eso te lo aseguro.

21.

Tarde o temprano nos íbamos a encontrar.
Todos los errores y los aciertos.
Todas las lágrimas y las risas.
Todos los amores vacíos y las falsas amistades.
Todas las certezas y las inseguridades.
Todos los pasos y los retrocesos.
Toda nuestra historia nos ha llevado hasta esta cama, donde nos volvemos a encontrar una noche más.

22.

Todavía no me creo nada, que es un sueño, mi sueño favorito.

De:mí

Para: tí

23.

Solo pido una última noche.

Poner una película.

Que me mires.

Parar la película.

Que me toques.

Volver a darle al play para volverla a parar y besarnos.

Irnos a la cama.

Seguir besándonos.

Sentir que me tocas, por última vez.

Que me recorras el cuerpo a besos, por última vez.

Que me desees, por última vez.

Que me mires a los ojos, por última vez.

Que lo hagamos, por última vez.

Y que durmamos como dos enamorados, sin despegarnos el uno del otro.

Y por la mañana despedirnos como de costumbre, con un "que tengas un buen día".

Y no volvernos a ver.

24.

Por mucho que me duela, siempre seremos nosotros.

25.

Dicen que después de la tormenta llega la calma, pero si la calma eras tú, ¿que viene después?

26.

Nos quedaron muchos amaneceres que ver,
muchos gatos que adoptar,
muchos viajes que hacer,
muchos besos que dar,
muchas noches que compartir.

27.

La sensación de anoche de irme a dormir contigo fue tan real que me he despertado imaginándome en tu cama.

28.

Puede ser que me veas saliendo y pasándolo bien, sonriendo en las fotos o con mucha gente, viajando y haciendo lo que me gusta,pero te digo una cosa, eso no significa nada.

29.

Aunque la vida nos separe nuestros
gatos seguirán siendo hermanos,
junio seguirá siendo mi mes favorito,
seguiré usando tus pantalones de
pijama,
los días impares seguirán siendo míos
y seguiré pidiendo un poquito más.

30.

Espero que aquello por lo que me cambiaste merezca la pena.

31.

Cada uno da lo que tiene y yo soy incapaz de odiarte.

Con todo mi amor, que seas muy feliz.

32.

Espero que no me eches de menos el día que unos brazos te rodeen y no sientas que ahí está tu hogar, que mires otros ojos y no veas confianza, que estés aburrido en el trabajo y no imagines planes con ella.

Espero que nunca te arrepientas, que no tengas esa sensación de mierda por haber echado de tu vida a la persona que hubiera hecho lo imposible por verte sonreir.

Espero que nunca llegue ese día, porque ya será tarde.

33.

Dime si has vuelto a dormir tan bien
como cuando te abrazaba.

34.

Ahora puedo confirmar que lo que siento por tí es lo más puro y sincero que he sentido nunca, porque a pesar de todas las noches que llevamos sin dormir juntos no te he dejado de querer ni un poquito.

35.

Despertarme a media noche y verte a mi lado.

Ojalá.

36.

Sé que todo lo que hoy estoy
sufriendo,
mañana serán alegrías.

Que por cada noche en vela tendré una de celebración.

Sé que voy a conseguir todo lo que me proponga y que voy a ser más feliz que nunca.

Pero ahora mismo me estoy preparando,
me estoy haciendo fuerte.

37.

Hace 7 meses estábamos los dos, en este mismo sitio viendo el amanecer con ganas de comernos el mundo (y a nosotros).

Creo que fue el comienzo de día más bonito que he visto nunca y no sé si fue por estar en mi lugar favorito o con mi persona favorita.

Siete meses después este amanecer no tiene nada de mágico, estoy sola y buscando mis ganas de seguir.

38.

Me aferro a la mínima esperanza.

Me da igual si se me va la vida en ello.

39.

Sé que lo voy a conseguir.

Deshacerme de los sueños que queríamos cumplir.
De tu esencia en cada beso.
De tus manos recorriendo mi cuerpo.
De tu ausencia en cada noche sola.
De tus promesas inciertas.
De tu vida con orden.
De tus ojos mirándome con ilusión.
De tu compañía en los peores momentos.

Voy a deshacerme de nosotros.

Voy a hacerme a mí.

40.

Al final los dos tuvimos razón.

Encontré a alguien que me quiso mejor
y yo no volví a sentir lo mismo.

41.

La luna siempre nos acompañó.

42.

Cada vez que te veo la herida se cierra.
Pero en cada despedida se hace más grande.

43.

Recuerdo el día que te dije que creía en las vidas pasadas y que tenía claro que en otras ya estuvimos juntos.

No sé si en las anteriores funcionó, pero ojalá en la siguiente nos volvamos a encontrar.

Ojalá entonces funcione.

44.

Me habría encantado verte luchar por lo nuestro tanto como lo hice yo.

45.

No quiero olvidarme de tí.

Ni de todas las noches, ni de nuestra complicidad, ni de los planes de futuro.

Nos aferramos a un amor adolescente con la promesa de una vida juntos sin darnos cuenta de que el amor no lo puede todo.

Forzamos algo que los dos sabíamos que no duraría demasiado.

Y aunque haya acabado, has sido el pilar fundamental en una de las etapas más importantes de mi vida.

Hemos crecido, hemos aprendido, hemos sido nosotros.

No quiero olvidarme de tí.

46.

No pienses que estas palabras salen del rencor o el odio.

Estas palabras nacen en un corazón roto que está luchando por vivir.

47.

Hoy he soñado que volvía a verte.
Que volvía a estar entre tus brazos y me pedías que me quedara un poquito más.

Me prometías que nada sería igual, que todo iría mejor,pero al mirarte a los ojos solo vi mentiras.
Quizás la misma que me cree en mi cabeza convenciéndome de que lo nuestro sería para siempre.

48.

Pocas personas estarán dispuestas a hacer lo que yo haría por verte feliz.

De: mí
Para: mí

49.

Solo vengo a recordarte que vales muchísimo.

50.

Gracias por todo lo vivido, tanto bueno como malo, porque por eso he descubierto que por muy rota que esté, soy la persona más fuerte que conozco.

51.

Quierete, ahora más que nunca.

Ponte guapa para tí, delante de un espejo, con tu música favorita y baila y canta, pero sin dejar de mirarte.

Dile a tu yo del espejo lo bien que está con ese pintalabios y ese vestido nuevo o con ese chándal y un moño.

Que está estupenda desde que sabe lo que merece y tiene claro lo que quiere en su vida.

Dile que ahora brilla más que nunca.

52.

Te deseo lo mejor.

Que el día del concierto no llueva, que en el examen caiga justo lo que te sabes, que tu escritor favorito saque libro pronto, que los muslos no te rocen con el calor, que encuentres en las rebajas ese pantalón que tanto te gusta, que tu gato duerma todas las noches contigo, que no tengas alergia en primavera, que el aleatorio de Spotify ponga la canción que querías escuchar, que no tengas resaca después de una noche de fiesta, que los zapatos no te hagan daño, que tu amiga te responda rápido ese mensaje importante, que pilles todos los semáforos en verde, que te pongas morena sin quemarte, que tu serie preferida no empeore con cada temporada, que seas de la casa que más te guste de Hogwarts y que todas las mañanas te levantes con un motivo para ser feliz.

53.

-¿Qué me recomiendas?

+Una buena escapada.

-¿Hacia dónde?

+Hacia la libertad.

-¿Qué libertad?

+La de tu mente. Desconecta.

-¿De qué?

+De tus pensamientos.

54.

No sabía qué hacer con todo el amor que tenía para tí y después de pensarlo muy bien, me voy a dar todos los caprichos que quiera.

Porque me lo merezco.

55.

Si pudiera volver a aquel día por
supuesto que te elegiría otra vez.

Pero hoy me elijo a mí.

56.

Ahora me siento fuerte, segura y guapísima.

No puedo estar más orgullosa de mí misma.

57.

No quiero volver a confundir
estabilidad y comodidad con felicidad.

58.

3:06 a.m.

Jazz, mi gato, una varita de incienso y velas, muchas velas.

Reflexión.

Ser consciente de todo lo que he conseguido, hasta donde he llegado.

Felicidad, incertidumbre y esperanza.

Ganas de seguir viviendo, de seguir luchando.

De ser cada día más fuerte.

De tener más ilusiones, más sueños.

Ganas de ser yo, de encontarme.

59.

Sé lo que es tener el corazón roto.

Sentir el dolor, notar como te rompes por dentro, no tener fuerza ni física ni psicológicamente.

Sentir que no vales nada, que todo lo que has hecho no sirve una mierda, el no tener ganas de seguir, pensar que jamás volverás a ser tú.

Sé lo que es aferrarte a algo que te hace daño, a no querer cambiar tu rutina, no deshacerte de cosas inútiles que traen recuerdos.

Pero llegará un día en el que pensarás más en tí, en que creerás que puedes con todo y es que de verdad puedes.

Te darás cuenta de que el odio y el rencor se retroalimentan dentro de ti y que es mejor dejarlo a un lado.

Y que todo lo que has vivido y sentido te ayudará a valorarte más, a quererte más.

Y es verdad que ya nada es como antes,
pero seguro que ahora eres tú.

Más tú que nunca.

60.

No te quedes en un sitio por costumbre.

No te quedes en un sitio por comodidad.

No te quedes en un sitio donde no te valoran.

No te quedes en un sitio por miedo a que pasará.

No te quedes en un sitio en el que no eres feliz.

Hoy tendrás miedo y no te voy a mentir, se pasa mal, pero una cosa tengo clara.

Merece la pena.

61.

Que sí, que el primer amor es mágico e irrepetible, que te hace sentir en una nube y con ganas de que sea eterno.

Pero poco se habla del segundo, del que te reconstruye, el que te hace fuerte, soñar y sentir viva, el que te vuelve a ilusionar, el que te hace ser cada día mejor.

Y no, no es otra persona.

Eres tú.

62.

Como un motorista sin casco.

Como una trapecista sin red.

Como un barco sin salvavidas.

Como una montañista sin arnés.

Como un mundo sin mascarillas en mitad de una pandemia.

Como una escritora sin musas.

Como un creyente sin fé.

Como una gata sin sus 7 vidas.

Así pienso vivir.

Ya no me da miedo nada.

63.

Vuelvo a estar aquí, un tiempo después.

Estoy viendo un atardecer en mi lugar favorito.

Feliz.

Sabiendo lo que merezco, queriéndome cada vez más, encontrándome, con fuerzas y ganas, sabiendo lo que quiero y sabiendo que lo voy a conseguir.

64.

¡Hola!
Seguramente hoy sea una de esas muchas noches que pasamos llorando, no sé cuál será el motivo, pero ten claro que vamos a salir de ello.

Te anticipo que vamos a vivir muchas cosas y aunque no te quiero revelar nada te voy a dejar algunos consejos.

No te cierres a conocer gente.

Sal mucho y disfruta.

Quédate sin voz en cada concierto al que vayas (no te pierdas ninguno, por favor).

Improvisa muchos planes.

Abrazaba sin parar a la abuela.

No dejes de escribir.

Ponle ganas e ilusión a todo lo que hagas.

Sigue riéndote hasta llorar.

Aprende a decir que no.

No te arrepientas de nada.

Entrégate a la vida y al amor como si no fuera a doler.

Pero sobre todo cuídate y quiérete, eres la única que va a estar al 100% para tí.

65.

Solo busco paz, tranquilidad, una bonita puesta de sol y el ronroneo de mi gato al llegar a casa.

66.

Repite conmigo:

Estoy completa.

Soy fuerte.

Puedo con todo.

Cada día voy a ser mejor.

No necesito a nadie.

Voy a conseguir lo que quiera.

Me quiero.

Me cuido.

Me valoro.

67.

Sé que hoy el dolor no te deja ver lo que está por venir, pero te aseguro que vale la pena.

68.

Soy alegría y tormenta.

Soy seguridad e incertidumbre.

Soy mar y cielo.

Soy abuela y nieta.

Soy paz y guerra.

Soy leona y gacela.

Soy fuego y agua.

Soy alas y jaula.

Soy reina y plebeya.

Soy gata y perra.

Soy música y silencio.

Soy.
Y quiero seguir siendo.
Siempre

ACERCA DEL AUTOR

Nací en Cartagena en 1.999.

Amo a mi gato, la compañía de la gente a la que quiero, bordar y escribir.

Empecé desde muy pequeña a plasmar en un papel todo lo que sentía y a mis 22 años me he lanzado a publicar una de las etapas más bonitas y complicadas de mi vida.

 @faatihpumar

www.ingramcontent.com/pod-product-compliance
Lightning Source LLC
LaVergne TN
LVHW041133150826
845673LV00007B/2299

* 9 7 9 8 4 9 4 5 5 8 2 7 5 *